Krystelle Jambon
Laurent Jouvet

Photos interdites

Ernst Klett Verlag
Stuttgart Düsseldorf Leipzig

Table des matières

Préface	3
Avant la lecture	4
Scène 1	5
Scène 2	6
Scène 3	10
Scène 4	11
Scène 5	13
Scène 6	15
Scène 7	17
Scène 8	18
Pendant la lecture	20
Après la lecture	23

1. Auflage 1 6 5 | 2010 09

Alle Drucke dieser Auflage können im Unterricht nebeneinander benutzt werden, sie sind untereinander unverändert. Die letzte Zahl bezeichnet das Jahr dieses Druckes.
© Ernst Klett Verlag GmbH, Stuttgart 2004.
Alle Rechte vorbehalten.
Internetadresse: http://www.klett.de

Umschlag: Sabine Koch, Stuttgart.
Illustrationen: Sepp Buchegger, Tübingen.
Fotos (S. 7): Sipa Press (Le Pann), Paris.
Druck: Gulde Druck, Tübingen
Printed in Germany.
ISBN-10: 3-12-591854-5
ISBN-13: 978- 3-12-591854-2

Liebe Schülerinnen und Schüler!

Lesen sollte vor allem Spaß machen. Deswegen findet ihr in *Photos interdites* nicht nur ein spannendes Thema, sondern ihr werdet auch einen lebendigen Einblick in den Alltag französischer Jugendlicher erhalten.

Ihr werdet feststellen, dass die Sprache in dieser Geschichte anders klingt als die, der ihr im Lehrbuch begegnet seid. Französische Jugendliche benutzen nämlich gerne das *français familier*, die Umgangssprache. So auch Amandine und Romain, die Helden dieser Geschichte: sie sagen z. B. *bécane* anstelle von *ordinateur* (S. 5), *je pige* statt *je comprends* (S. 14).

Hier sind ein paar typische Merkmale des *français familier*:

- Vokale werden oft verschluckt: z. B. *t'as le temps* statt *tu as le temps* (S. 15).

- Bei Verneinungen fällt das *ne* oft weg: anstelle von *tu n'as pas faim ?* heißt es *t'as pas faim ?* (S. 8); für *ça n'aide pas becaucoup* steht *ça aide pas beaucoup* (S. 10).

- Jugendliche mögen gerne Abkürzungen: sie verwenden z. B. *corres* für *correspondant* (S. 5).

- Jugendliche übertreiben manchmal in ihrer Ausdrucksweise: sie sagen z. B. *il est trop classe* (S. 6).

Wir wünschen euch viel Spaß mit *Photos interdites*!

Avant la lecture

1. La couverture *(Umschlag)*

Regardez la couverture.
a) Qu'est-ce qu'il y a sur le dessin ? Racontez.
b) A quoi pensez-vous *(woran denkt ihr)* tout de suite ?
   A votre avis, pourquoi y a-t-il un gant *(Handschuh)* ?
   Faites des hypothèses *(Vermutungen)* sur l'histoire.
c) Aimez-vous ce dessin ? Pourquoi ? Pourquoi pas ?

2. Le titre

a) Regardez maintenant le titre du livre.
   A quoi pensez-vous ?
b) A votre avis, qu'est-ce que sont les « photos interdites » ?

3. La quatrième de couverture *(Rückentext)*

Lisez le texte au dos du livre et faites un résumé en trois
lignes. Imaginez la suite de l'histoire.

Scène 1

Philip et Romain jouent ensemble à l'ordinateur. Philip est
de Munich. Il a 14 ans et c'est le correspondant de Romain.
Philip aime beaucoup l'appartement des Chevance, dans
la rue Buhan, à Bordeaux. Et puis son corres, Romain, est
vraiment sympa!   5

PHILIP : Gagné !

ROMAIN : Bravo ! On fait encore une partie ?

Tout à coup, on sonne chez Romain.

ROMAIN : J'arrive !

C'est Amandine, une copine de Romain. Elle habite dans le 10
même immeuble, au même étage.

ROMAIN : Salut, Amandine ! Ça va ?

Romain fait la bise à Amandine.

AMANDINE : Salut ! Oui, ça va !

ROMAIN : Alors, ta nouvelle bécane, elle est super ?   15

Philip arrive.

ROMAIN : Amandine, voilà Philip, mon corres !

AMANDINE : Salut, Philip ! Bienvenue en France !

PHILIP : Salut, Amandine !

Amandine fait la bise à Philip. Puis Philip demande :   20

PHILIP : Qu'est-ce qui est super ? Sa nouvelle quoi ?

ROMAIN : Sa bécane ! C'est son ordinateur ! Tu vas apprendre
   des mots avec nous !

Romain et Amandine rigolent.

ROMAIN : On va dans le salon ? Vous voulez du jus d'orange ? 25

AMANDINE : Oui, merci. J'ai soif.

Un portable sonne.

AMANDINE : C'est ton portable, Romain ?

PHILIP : Non, c'est mon portable. C'est ma mère. Je vais
   téléphoner dans la chambre. Pardon.   30

ROMAIN : Voilà ton jus d'orange, Amandine.

---

7 **une partie** Spiel – 11 **le, la même** derselbe/dieselbe/dasselbe – **un immeuble**
(Wohn-)Gebäude – 13 **une bise** Küsschen – 15 **nouveau, nouvelle** neu – **une bécane**
fam = un ordinateur – 18 **Bienvenue** Willkommen – 21 **quoi** was – 23 **un mot** Wort

5

Amandine : Merci.

Romain : Amandine, j'ai un problème pour cet après-midi. J'ai mon cours de judo à 18 heures. Philip va rester seul à la maison. Est-ce que tu peux montrer Bordeaux à
5   Philip ?

Amandine : Oui, pas de problème ! Tu sais, il est mignon, ton corres…

Romain : Oui, oui, je sais, mais moi aussi, je suis mignon ! ! !
Et Romain rigole.

10 *Philip entre dans le salon.*

Amandine : Montre ton portable, Philip. Mais il est trop classe !

Philip : Il est quoi ?

Amandine : Il est trop classe ! Regarde, Romain !

15 **Philip :** Oui, il est cool. On peut téléphoner avec et on peut prendre des photos aussi.

Amandine : Philip ! Romain va au judo cet après-midi. Tu veux visiter Bordeaux avec moi ?

Philip : D'accord ! Alors, je prends mon portable pour faire
20   des photos… trop classes ! ! !

Scène 2

Il fait beau dans les rues de Bordeaux. Amandine et Philip rigolent ensemble et ils font des photos : Philip avec son portable et Amandine avec son appareil photo numérique. D'abord, ils vont à la place de la Bourse, puis à l'esplanade des
25 *Quinconces. Là, ils prennent des photos. Après, ils arrivent devant le Grand Théâtre de Bordeaux.*

---

3 **un cours** Kurs – **seul,e** allein – 6 **Tu sais, …** Weißt du, … – **mignon,ne** süß – 8 **moi**
ici: ich – 12 **classe** *fam* super, genial – 21 **il fait beau** es ist schönes Wetter – 23 **un
appareil photo numérique** Digitalkamera

Esplanade des Quinconces

Grand Théâtre de Bordeaux

PHILIP : Waouh ! C'est super ici ! Je prends encore *un* photo.

AMANDINE : *Une* photo. T'as pas faim ? Moi, je voudrais manger une crêpe dans la rue Sainte-Catherine.

PHILIP : Ça, c'est une idée !

5 *A côté du Grand Théâtre, il y a la rue Sainte-Catherine. Là, on peut acheter des crêpes.*

PHILIP : Amandine, qu'est-ce que tu prends ?

AMANDINE : Une crêpe au jus de citron, s'il te plaît.

PHILIP : Bonjour, madame ! Une crêpe au jus de citron et ça,
10 là, un, une… Waffel, qu'est-ce que c'est en français ?

AMANDINE : C'est une gaufre.

PHILIP : Alors, une crêpe au jus de citron et une gaufre au chocolat, s'il vous plaît, madame. … Ça fait combien ?

LA DAME : 4, 80, s'il te plaît.

15 PHILIP : Voilà.

Amandine et Philip sont maintenant sur un banc.
Philip pose son portable sur le banc et mange sa gaufre.
Hum, c'est bon ! Amandine prend alors son appareil photo numérique et filme Philip.

20 *Tout à coup, un garçon arrive en rollers. Mais qu'est-ce qu'il fait ? Il est à côté de Philip maintenant. Qu'est-ce qu'il cherche ? Qu'est-ce qu'il regarde comme ça ? Oh là là ! Non ! Le garçon prend le portable de Philip et il part vite.*

Amandine comprend tout de suite.

25 AMANDINE : Philip, regarde ! Ton portable ! Au voleur !
Philip et Amandine courent après le garçon. Mais il va trop vite. Il a des rollers.
Tout à coup, Amandine tombe. Aïe ! Philip s'arrête tout de suite. Le voleur continue.

---

16 un banc Bank (Sitzgelegenheit) – **17 poser** stellen – **23 partir** weggehen – **25 un,e voleur, -euse** Dieb – **26 courir après qn** jdm hinterherlaufen –**28 s'arrêter** *ici:* stehen bleiben

Scène 3

Amandine et Philip rentrent rue Buhan. Ils sont tristes.
Amandine rentre chez elle et Philip va chez Romain.
Amandine va tout de suite dans sa chambre. Elle pense
à Philip. Elle trouve ce garçon très sympa. Zut ! Où est son
5 *portable maintenant ? Elle regarde le film de cet après-midi*
sur son ordinateur. Philip est vraiment mignon avec sa
gaufre.
Oh ! Qui est-ce, là, à côté de Philip ? Ce garçon en rollers,
mais c'est… le voleur !
10 *Amandine va vite chercher Romain et Philip.*
Les trois copains regardent le film sur l'ordinateur d'Aman-
dine.

AMANDINE : Regarde, Romain. Le garçon, là, c'est le voleur
du portable. On va faire un zoom. Voilà. Comme ça, on
15   voit sa tête.

ROMAIN : Oui, mais, là, regardez ! Qu'est-ce qu'il y a sur son
tee-shirt ? M… A… N… U ?

PHILIP : Man U comme Manchester United ? Le voleur aime
le foot ? Bof ! Ça aide pas beaucoup…

20 AMANDINE : Ou alors, c'est de l'allemand ? Er, sie, man…
Ou de l'anglais ? A man… Une minute ! On va faire des
recherches sur Internet.

Maintenant, ils sont sur Internet et ils surfent, mais ils ne
trouvent pas vraiment. Tout à coup, Romain demande :

25 ROMAIN : Amandine, montre encore la photo du voleur, s'il
te plaît.

AMANDINE : Voilà !

ROMAIN : MANU…, MANU… Il y a aussi un dessin là… Ah
oui, je sais !

30 *Romain va vite dans son appartement. Il entre dans la*
chambre de son frère. Son frère Sylvain est là. Il a 18 ans et

---

1 **triste** traurig – 15 **voir** sehen – 19 **aider qn** jdm helfen – 21 **l'anglais** die englische
Sprache

il aime écouter de la musique. Romain regarde sur la table,
à côté de la table, puis il cherche dans un carton.
Sylvain demande :

SYLVAIN : Qu'est-ce que tu cherches dans ma chambre ?
ROMAIN : Je cherche un CD. Zut ! Il est où, ce CD ? Ah, enfin ! 5
Il est là.

Cinq minutes plus tard, Romain va chez Amandine et
apporte son CD.

ROMAIN : Et voilà ! Le dessin sur le tee-shirt, c'est comme sur
le CD de… Manu Chao. Le voleur aime Manu Chao ! 10
PHILIP : Manu Chao ? C'est quoi ?
AMANDINE : C'est un chanteur. Sa musique est cool ! Ça fait…
Je ne t'aime plus, mon amour. Bon, j'arrête !
ROMAIN : Vous savez quoi ? Manu Chao donne un concert
demain à la Médoquine. Mon frère va au concert avec 15
des copains. Alors, on va avec lui ?

Demain samedi, les trois copains veulent aller au concert
pour chercher le voleur et retrouver le portable de Philip.

Scène 4

Le concert de Manu Chao commence dans une heure.
Romain, Philip et Amandine sont devant la Médoquine. 20
Sylvain est là aussi avec ses copains. Philip et Amandine
cherchent le voleur. Est-ce qu'il va aller au concert ?

Tout à coup, Philip voit le voleur. C'est le garçon, là-bas, avec
une casquette sur la tête. Mais qu'est-ce qu'il fait ? Qu'est-ce
qu'il a dans la main ? Philip comprend : le voleur veut vendre 25
une place de concert. Philip montre tout de suite le voleur à
ses copains.

---

11 **C'est quoi ?** Was ist das? – 12 **un,e chanteur, -euse** Sänger/in – 14 **Vous savez quoi ?**
Wisst ihr was? – **donner** geben – 16 **avec lui** mit ihm – 18 **retrouver** wiederfinden –
26 **une main** Hand – **vendre** verkaufen – 27 **une place** *ici:* Eintrittskarte

ROMAIN : J'ai une idée ! Vous, vous restez ici. Moi, je vais discuter avec le voleur.

Romain demande le prix de la place.
ROMAIN : Salut ! C'est combien ?
LE VOLEUR : Salut ! C'est 25 euros.   5
ROMAIN : Oh non ! C'est trop cher ! Allez, le concert va bientôt commencer. 20 et j'achète ta place.
LE VOLEUR : O. K., 20 si tu veux.
ROMAIN : Merci. Tu vas pas au concert ?
LE VOLEUR : Si ! Moi, j'adore Manu Chao, mais ma copine est   10
malade.
ROMAIN : Dommage pour elle, mais pour moi, c'est super !
Tu t'appelles comment ?
LE VOLEUR : Vincent. Et toi ?
ROMAIN : Moi, c'est Romain. Allez ! On entre ?   15

Devant la Médoquine, il y a des agents de sécurité. Ils regardent dans les sacs.
UN AGENT : Qu'est-ce que vous avez dans vos sacs ? Je peux regarder ?
ROMAIN : Voilà.   20
VINCENT : Moi, j'ai une pomme et mon portable. C'est tout.
L'AGENT : Alors, vous pouvez entrer.

Scène 5

Romain et Vincent entrent dans la salle de concert. Il y a une ambiance d'enfer.
Tout à coup, le concert commence. Un groupe arrive sur   25
scène.
ROMAIN : C'est qui ?
VINCENT : Un groupe d'ici. Je sais pas comment il s'appelle.

---

3 **un prix** Preis – 16 **un agent de sécurité** Sicherheitsbeamte(r) – 25 **un groupe** *ici:*
Band – 26 **une scène** *ici:* Bühne

Romain : Quand est-ce qu'il chante, Manu Chao ?
Vincent : Après, dans une demi-heure.

Maintenant, c'est la pause. Romain a faim, il achète un sandwich au poulet. Vincent prend un coca.
Tout à coup, Vincent rigole.
Vincent : Regarde cette affiche, là ! C'est marrant, non ?

Romain : Tu trouves ? Pourquoi c'est marrant ? Je comprends pas.
Vincent : Ben, c'est marrant parce que moi, je vais faire des photos de Manu Chao. Je suis pas ouf ! J'ai pas d'appareil photo, mais j'ai un portable. Et avec mon portable, je peux faire des photos, mais chut !!!
Romain : Ah, O.K. Maintenant, je pige. Montre ton portable. Il est vraiment super. Il est à toi ?
Vincent : Euh… oui, oui, il est à moi.

Voilà les musiciens de Manu Chao ! Romain et Vincent vont à côté de la scène. Et maintenant Manu Chao arrive. Il chante. Les gens dansent et crient : « Bravo ! » à la fin des chansons.

---

6 **…, non ?** …, nicht wahr? – 10 **ouf** *fam* = fou, *ici:* blöd – 13 **piger** *fam* comprendre – 14 **Il est à toi ?** Gehört es dir? – 15 **Il est à moi** Es gehört mir – 18 **les gens** Leute – **crier** schreien

Vincent prend « son » portable et fait beaucoup de photos. Romain chante et danse, mais il pense aussi à Philip et à Amandine. Qu'est-ce qu'ils font ? Où est-ce qu'ils sont maintenant ?

Le concert est génial. Pendant deux heures, Vincent prend 5
plein de photos. Après la fin du concert, Vincent veut un autographe de Manu Chao. Il veut rester encore un peu et demande à Romain :

VINCENT : Romain, on prend un coca après ?

ROMAIN : Non, je peux pas. J'ai rendez-vous avec mon frère. 10
On rentre ensemble. Mais je voudrais bien regarder tes photos demain si t'as le temps…

VINCENT : Alors, rendez-vous à 15 h au café Le Régent à côté du Grand Théâtre ?

ROMAIN : O.K. A demain ! 15

Scène 6

Philip et Amandine n'ont pas de places pour le concert, alors ils rentrent à la maison. Ils discutent devant l'appartement de Romain, puis Philip demande :

PHILIP : Tu entres, Amandine ? On peut écouter de la musique dans ma chambre, euh… dans la chambre de 20
Romain si tu veux.

AMANDINE : D'accord.

Philip et Amandine sont dans la chambre. Philip met le CD de Manu Chao.

PHILIP : On est pas au concert de Manu Chao, mais on peut 25
écouter sa musique. Allez ! Chante, Amandine ! J'adore quand tu chantes.

AMANDINE : Vraiment ?

---

6 **plein de** viel – 7 **un autographe** Autogramm – 27 **quand** *ici:* wenn

PHILIP : Mais oui. Regarde, on prend les textes des chansons et on fait comme un karaoké. *Je ne t'aime plus…*
Amandine et Philip rigolent beaucoup.
AMANDINE : T'es vraiment marrant, Philip !
5 PHILIP : Et toi, t'es une fille géniale !
Amandine regarde Philip dans les yeux. Tout à coup, Philip demande :
PHILIP : Amandine, j'ai une question. Tu es la copine de Romain ?
10 *Amandine rigole.*
AMANDINE : Non. Romain, c'est *un* copain, mais ce n'est pas *mon* copain.
Philip prend la main d'Amandine.

Tout à coup, chut ! Quelqu'un entre dans l'appartement.
15 *Philip et Amandine ne bougent plus. Romain arrive dans la chambre.*
ROMAIN : Philip, le voleur est très sympa ! Euh… pardon !
Romain est un peu triste parce qu'il aime bien Amandine.
Amandine rentre chez elle et un peu plus tard, Philip discute
20 *avec Romain.*
PHILIP : Romain, t'as mon portable maintenant ?
ROMAIN : Euh non ! Vincent est très sympa. Vincent, c'est le nom du voleur.
PHILIP : Ah, je comprends. Vous êtes copains maintenant ? !
25 ROMAIN : Ben oui ! J'ai rendez-vous avec lui demain. On va regarder ses photos du concert.
PHILIP : Mais on peut pas prendre de photos dans les concerts ! Ah, mais je comprends maintenant… On peut prendre des photos avec MON portable ! ! !

30 ROMAIN : Ecoute, Philip. Demain, je vais retrouver ton portable parce que j'ai une idée !

---

6 **les yeux** Augen – 14 **quelqu'un** jemand – 18 **aimer bien** gern haben – 30 **Ecoute, …** Hör zu, …

Scène 7

Romain arrive devant le café Le Régent à 15 heures 10. Vincent est déjà là à la terrasse du café.
VINCENT : Salut, Romain ! Ça va aujourd'hui ?
ROMAIN : Ça va, merci. T'as les photos du concert ?
VINCENT : Ouais ! J'ai les photos sur papier. J'ai une imprimante chez moi. Regarde, elles sont super, tu trouves pas ?
ROMAIN : Ah oui ! Ton portable fait vraiment des photos super ! C'est combien, un portable comme ça ? C'est cher ?
VINCENT : Ben, euh, je sais pas. C'est… c'est un cadeau de mes parents pour mon anniversaire.

Romain commande un coca, puis il va aux toilettes. Là, il envoie un texto à Amandine :

---

5 **Ouais !** *fam* oui – **une imprimante** Drucker – 13 **commander** bestellen – 14 **envoyer** schicken – **un texto** SMS – **RV** = Rendez-vous – **viens** komm! – **stp** = s'il te plaît – **@ +** = A plus tard (bis später)

17

Romain va maintenant sur la terrasse. Cinq minutes plus tard, Amandine arrive avec Philip.

ROMAIN : Salut, Amandine ! Salut, Philip ! Qu'est-ce que vous faites ici ? Ça, c'est une surprise ! Voilà Vincent, un
5   fan de Manu Chao !

Vincent reconnaît tout de suite Amandine et Philip.

PHILIP : Bonjour, Vincent ! Ça va ?

VINCENT : Euh, oui. Ça va. Alors, t'es un copain de Romain ?

PHILIP : Oui, je suis son corres.

10 VINCENT : T'es d'où ?

PHILIP : De Munich en Allemagne.

VINCENT : T'aimes la France ?

PHILIP : Oui, j'aime beaucoup la France. J'adore Bordeaux aussi. Il y a une super équipe de foot ici.

15 VINCENT : Bof, le foot, c'est pas génial ! Moi, je préfère faire du ro…

PHILIP : Ah, tu fais du roller ?

Scène 8

Vincent est très gêné maintenant. Il prend le portable et écrit quelque chose.
20 *Romain et Amandine regardent Vincent. Il met sa casquette sur la tête, laisse trois euros sur la table, puis il met le portable dans le sac de Philip.*

VINCENT : Ecoutez ! Euh, … il y a un problème. Euh, je peux pas rester. J'ai rendez-vous… Au revoir !

25 *Puis il part très vite.*

---

4 **une surprise** Überraschung – 6 **reconnaître** erkennen – 14 **une équipe** Team – 18 **gêné,e** verlegen – **écrire** schreiben – 19 **quelque chose** etwas

Philip *crie* : Vincent ! Reste là !

Mais Vincent est déjà loin.
Romain regarde alors dans le sac de Philip et trouve le portable.
Romain : Voilà ton portable, Philip !
Philip : Ouf, mon portable ! Regardez ! Il y a un texto de Vincent :

---

2 **loin** weit (weg)

Pendant la lecture

Scène 1

1. Cochez la bonne réponse. *(Kreuzt die richtige Antwort an.)*
   - a) Romain habite à ☐ Munich. ☐ Bordeaux.
   - b) Une bécane, c'est ☐ un CD-Rom. ☐ un ordinateur.
   - c) Romain va au judo, alors Philip va rester

     ☐ mignon. ☐ seul.

2. Qu'est-ce qu'Amandine et Philip vont faire cet après-midi ?

3. Pourquoi est-ce que Philip prend son portable ?

Scène 2

1. Trouvez les six mots de la scène 2 qui sont cachés *(versteckt)* dans la grille.

Y	G	V	W	I	P	O	L	K
B	A	N	C	H	T	A	I	U
K	U	S	H	O	V	W	U	X
L	F	X	H	N	S	C	Z	C
I	R	P	C	I	T	R	O	N
M	E	I	O	B	Y	Ê	P	G
J	M	U	L	T	C	P	K	B
P	E	E	A	Y	Q	E	D	W
O	R	R	O	L	L	E	R	S

2. Complétez les phrases.
   - a) Amandine et Philip font des photos, puis ils…
   - b) Amandine filme Philip avec…
   - c) Tout à coup, un garçon arrive et …
   - d) Philip et Amandine courent après le voleur, mais...

Scène 3

1. Qu'est-ce qu'Amandine voit sur le film ?
2. Pourquoi est-ce que Romain rentre tout à coup chez lui ?
3. Pourquoi est-ce que les trois copains veulent aller avec Sylvain ?
4. Remettez les phrases dans l'ordre. *(Setzt die Sätze in die richtige Reihenfolge.)*
   Il prend un CD de Manu Chao. • Tout à coup, elle voit le voleur. • Amandine regarde le film de cet après-midi. • Tout à coup, Romain va dans la chambre de son frère. • Le dessin sur le CD, c'est comme le dessin sur le tee-shirt du voleur. • Elle va chez les garçons, puis ils regardent le film ensemble. • Sur le tee-shirt du voleur, il y a « MANU ».

Scène 4

1. Vrai ou faux? *(Richtig oder falsch?)*

	Vrai	Faux
a) La Médoquine est un cinéma.		
b) Le frère de Romain ne peut pas aller au concert parce qu'il est malade.		
c) Avant le concert, le voleur veut vendre une place.		
d) Romain achète sa place 25 euros.		
e) Le voleur va au concert avec sa copine.		
f) Vincent et Romain entrent ensemble dans la Médoquine.		

2. Corrigez les réponses fausses.

Scène 5

1. Qu'est-ce qu'il y a sur l'affiche ? Qu'est-ce qu'on ne peut pas faire dans la salle de concert ?
2. Pourquoi est-ce que Vincent reste après le concert ?

3. Ecrivez l'histoire *(die Geschichte)* de la scène 5 avec les mots suivants *(mit den folgenden Wörtern)*.

entrer • arriver sur scène • dans une demi-heure • avoir faim • regarder une affiche • faire des photos • danser • un autographe • avoir rendez-vous • à 15 h

Scène 6

1. Pourquoi est-ce que Philip et Amandine ne vont pas au concert ?
2. Qu'est-ce qu'Amandine et Philip font dans la chambre de Romain ?
3. Pourquoi est-ce que Romain est triste ?
4. Résumez le texte. Faites deux phrases pour chaque partie. *(Bilde zwei Sätze zu jedem Teil.)*
   Partie 1 (p.15, l.16 à p.16, l.13) : « Philip et Amandine n'ont pas de places » … à « Philip prend la main d'Amandine. »
   Partie 2 (p.16, ll.1–31) : « Tout à coup, chut ! » à « Demain, je vais retrouver ton portable parce que j'ai une idée ! »

Scène 7

1. Pourquoi est-ce que Vincent ne connaît *(kennt)* pas le prix du portable ?
2. Qu'est-ce qu'il y a dans le texto de Romain ?
3. Vincent reconnaît Amandine et Philip. Qu'est-ce qu'il fait alors ?
4. Complétez.
   Romain et Vincent sont à la …… du café. Vincent a les photos du concert sur …… parce qu'il a une …… Romain …… un coca, puis il va aux …… Avec son portable, il envoie un …… à Amandine. Cinq …… plus tard, Amandine et Philip arrivent.

Scène 8

Complétez les phrases.

1. Vincent est très gêné parce qu'…
2. Vincent prend le portable et…
3. Philip retrouve son portable, mais…

Après la lecture

1. A vous !
a) Pour chaque scène, essayez de trouver un titre.
b) Imaginez une suite à l'histoire.

2. Bordeaux
En groupes, faites des recherches sur la ville de Bordeaux.
Vous allez trouver des informations sur les sites Internet
suivants: www.bordeaux-tourisme.com
                  www.mairie-bordeaux.fr
a) Prenez une carte de France et cherchez Bordeaux.
b) Sur Internet, trouvez des informations sur Bordeaux :
nombre d'habitants • sites touristiques • concerts, etc.
c) Bordeaux et « *Photos interdites* » : dans votre livre, vous
avez déjà des photos du Grand Théâtre et de l'esplanade
des Quinconces ; cherchez des photos de la place de la
Bourse et de la rue Sainte-Catherine et des informations
sur la Médoquine (www.medoquine.com).
d) Avec toutes ces informations, réalisez une brochure sur
Bordeaux.

3. Manu Chao
a) Faites des recherches sur Internet sur Manu Chao : quel
genre de musique fait-il ? Cherchez sa biographie.
b) Trouvez des chansons et leurs musiques.
c) Ensuite, présentez (pourquoi pas en musique ?) Manu
Chao à la classe.

4. Poème
1. Complétez le poème suivant.
        C comme …
        O comme …
        P comme …
        I comme …
        N comme …
        E comme …

2. A votre tour, essayez d'écrire un petit poème sur le modèle donné en 1.

5. Textos

Choisissez un texte et écrivez-le en français standard.
(Wähle eine SMS aus und schreibe sie in richtigem Französisch.)

A:

kesketufÉ 7 aprem? on va ht
1 Kdo @ ma mR?

B:

g 1 1tero. On va o 6né 2m1?

A:

Bof on pe 1viT d cop1 5pa,
manG E 10qt

B:

7 id E Gnial. @ 2m1

aprem = après-midi
E = est/et
fÉ = fais
g = j'ai
ht = acheter
keske = qu'est-ce que
manG = manger
mR = mère
o = au
1tero = interro
1viT = inviter
5pa = sympa
6né = cinéma
7 = cet/cette
10qt = discuter

6. On joue ?

Dans votre classe, vous pouvez jouer les scènes suivantes:
Scène 1: Philip rencontre Amandine.
Scène 4: Romain rencontre le voleur.
Scène 7: Romain et Vincent, puis Amandine et Philip